L'EUROPE

ET LA

RÉVOLUTION

PARIS

IMPRIMERIE DE L. TINTERLIN ET Cⁱᵉ

RUE NEUVE-DES-BONS-ENFANTS, 3.

L'EUROPE

ET LA

RÉVOLUTION

PARIS

E. DENTU, LIBRAIRE-ÉDITEUR

GALERIE D'ORLÉANS, 13, PALAIS-ROYAL

1861

L'EUROPE

ET LA RÉVOLUTION

I

Les temps approchent.

De tous les côtés, du Nord au Midi, de l'Orient à l'Occident, le vent des tempêtes a soufflé ; les peuples comme les rois se courbent vers la terre et écoutent en frémissant des bruits confus et terribles.

Des craintes vagues, des inquiétudes sans objet assaillent à la fois les masses ignorantes et les esprits intelligents. Les rois délibèrent et hésitent ; les nations s'interrogent avec anxiété ; l'ensemble des choses humaines paraît arrêté ; les intérêts souffrent, les consciences se troublent, et chacun se sent comme en présence d'un avenir inconnu, mais sombre et plein de menaces !

Il règne dans les esprits, même les mieux trempés, un désordre plus fatal peut-être que le mal lui-même, car on peut combattre le mal ; on reste sans force devant les doutes, les incertitudes !

Cependant on n'ose pas prévoir les catastrophes ; on les nie encore. On espère ! On fait de tous côtés appel à ce qu'on nomme l'esprit de conciliation. On ne vit plus que par les illusions où s'abandonnent à leurs derniers moments les causes perdues. Les principes sont mêlés et confondus. Ceux qui sont appelés à diriger les nations abandonnent chaque jour un peu de leur autorité, et comme le marin au milieu de la tempête, ils jettent à la mer une partie de la cargaison pour sauver le navire ! Mais si la mer est parfois clémente, si elle peut être domptée, il n'en est pas de même de la révolution !

La révolution a commencé son œuvre ! Son travail, longtemps caché, souterrain, ne s'est produit qu'à travers les mille obstacles, les mille barrières que lui suscitaient à la fois les gouvernements et les peuples qui s'en défendaient. Elle a grandi au milieu des persécutions ! La prison, l'exil, l'échafaud, les batailles réglées, elle a tout subi, tout bravé ! Comme l'a dit Saint-Just : « la révolution a germé dans le sang ! »

Aujourd'hui elle a conquis sa place au conseil même des rois ! Elle agite les consciences, autrefois si fermes, des élus de Dieu ! Ceux-ci ne sont plus sûrs de leurs droits, et ce doute seul suffit à les abattre ! Le moment de leur chute est une affaire de temps ! Dès à présent la ruine de l'autorité n'est plus douteuse pour aucuns de ceux qui veulent sincèrement étudier les événements et en déduire les conséquences ! La vieille Europe se retourne sur son lit de douleurs ; elle s'agite dans la gestation d'un ordre nouveau, et la seconde moitié du dix-neuvième siècle verra naître, au milieu d'un trouble immense, le fruit que 1789 a porté !

Nous le disons avec une conviction profonde ; aucune époque de l'histoire n'offre à l'esprit un exemple, même affaibli, des convulsions prochaines.

En se plongeant dans le passé, en relisant ces légendes historiques des mondes disparus, en étudiant ces générations successives tombées dans le néant, ces races éteintes, ces peuples, ces troupeaux humains égorgés, dispersés, détruits, l'homme effrayé de ces grandes choses s'est longtemps rassuré en songeant que le monde moderne n'est plus sujet à ces lois antiques de la force ! Il s'est dit que ces grandes catastrophes, qui semblent être le châtiment de quelque Dieu irrité, ne peuvent plus nous atteindre. Il a pensé à cette civilisation qui est la récompense de tant de siècles de souffrances ; il a cru aux lumières actuelles ; il s'est plu à invoquer le progrès, la douceur des mœurs, les relations d'intérêts. Il a pensé que, dans un siècle qui a trouvé l'électricité, la vapeur, qui a changé les conditions d'existence de chaque peuple et les relations des peuples entre eux ; qu'à une époque où les arts ont enlevé aux sociétés les derniers restes de la barbarie antique, où les esprits sont polis par l'étude, où les caractères sont adoucis, où le sang n'est répandu qu'avec des répugnances exprimées dans la législation elle-même, où les pouvoirs, enfin, ne s'exercent qu'entourés de minutieuses garanties, l'homme, dis-je, a cru qu'exempt de tout souci, il pouvait se livrer aux plaisirs du moment sans songer au lendemain. Aveugle, qui n'a vu que les surfaces et n'a pas su aller au fond ! qui s'est fié aux apparences et a méconnu les réalités ! Insensé, qui n'a pas tressailli à la voix mystérieuse qui parlait au dedans de lui ! Insensé, trois fois insensé l'homme qui, parce que les rois sont encore assis sur leur trône et les peuples toujours courbés sur leur sillon, s'est imaginé que tout était dans l'ordre, et que le monde calmé gravitait paisiblement vers les fins naturelles qu'il attend de la Providence.

Erreur ! erreur profonde ! La Providence nous abandonne à présent, car nous nous abandonnons nous-mêmes ! Dieu se retire de nous, parce que, de tous côtés, il n'y a qu'erreurs et ténèbres ! Il nous laisse, pour un temps, livrés à nos passions, parce que, malgré ses avertissements visibles, nous faiblissons dans nos âmes, parce que nous perdons les notions du juste, parce que nous allons aux erreurs, parce que nous méconnaissons les principes, l'autorité qui soutient autant qu'elle impose ; parce qu'enfin, livrés aux chimères, nous courons, phalènes imbéciles, à cette torche sinistre que nous appelons la liberté, parce que nous la croyons un flambeau !

II

Oui, la révolution est partout !

Partout des bruits sinistres frappent les oreilles ; des rumeurs confuses troublent les cœurs, et quelques-uns déjà s'interrogent et se disent : Eh quoi ! les temps sont-ils donc venus ?

Ah ! peuple léger et futile ! Athéniens fourbus de la décadence ! histrions railleurs et sceptiques ! croyez-vous, parce que vous avez de l'esprit, que tout vous sera pardonné, les fautes de vos pères comme les vôtres ?

Avez-vous jamais pu prétendre à l'immunité de vos vices par cette belle raison que vos vices sont élégants, vos ignominies raffinées, vos turpitudes d'un goût exquis ?

Vous avez fait de vos souillures des idoles au front d'airain, au visage grimaçant et ricaneur ! Nation de danseurs équivoques, vous courez platement, entre deux calembours, aux éternels abîmes, tandis que vos dieux impurs croulent dans cette boue fétide dont ils sont formés !

Ah ! ce n'est pas en vain que vous avez sucé le lait du dix-huitième siècle ! Ce siècle vous perd ! Il a recueilli le virus de la réforme que le grand siècle avait rejeté, et il l'a repétri, refondu, reformé à notre usage ! Il l'a revêtu de sa fausse éloquence, il l'a orné de sa raillerie ; puis il a lâché sur le monde des fournées d'ordures que les peuples recevaient à genoux !

Nos pères, je parle de ceux de 1789, moins mauvais que nous, car ils furent moins lâches, croyaient que la philosophie du dernier siècle avait dit son dernier mot en 1793.

Ils avaient vu Mirabeau au Jeu de paume, Danton aux prisons, Robespierre à la tribune, Saint-Just à la guillotine, Marat dans sa cave, Fouquier-Tinville au tribunal. Ils avaient haï ces monstres, mais enfin ils avaient vu de grands et terribles spectacles. Avec les crimes de la révolte, ils en avaient les sauvages grandeurs.

Et ils croyaient qu'avec elle, comme on dit, il y en avait assez. Espérant encore en la clémence divine, ils se disaient que s'ils avaient pu, au milieu de tant d'horreurs, consacrer quelques vérités, leur tâche était accomplie, et que leurs enfants n'auraient plus qu'à jouir du bien dont eux-mêmes avaient supporté les angoisses.

Honnêtes aveugles qui avez laissé tant d'héritiers, où donc avez-vous vu que l'œuvre de la révolution fût terminée ? Où donc est la main terrible qui la pourra contenir ? Où donc avez-vous entendu la grande voix qui lui pourra dire, comme Dieu à la mer : « Tu n'iras pas plus loin ! »

Mais comment appellerez-vous donc tout ce qui se fait, tout ce qui se dit aujourd'hui ? La révolution est à la ville et elle est aux champs ! Le bourgeois la prépare ; le paysan la fera avant peu.

A la ville, elle procède par la décadence, car qu'est-ce donc que ces mœurs dissolues qui ont à ce point envahi les classes moyennes de la société française, que la corruption la plus éhontée trouve partout des excuses, des bills d'indemnité, presque des approbations?

Vous avez cru préserver vos femmes, vos filles, vos fils même de cette corruption à laquelle votre esprit fort ne dédaigne pas de faire quelques secrets sacrifices, et voilà qu'elle prend partout votre enfant, trouble son jeune esprit et jette dans son cœur, encore innocent, des germes immoraux que le siècle fera éclore, comme une fleur empoisonnée, sur le fumier humain!

Elle le prend par le livre, par le journal, dans le salon et dans la rue. Le roman le moins immoral lui donne des idées fausses et absurdes ; un autre lui présente des tableaux érotiques, où s'émousse sa jeune pudeur, et fane en une nuit sa jeunesse et son innocence!

N'est-ce pas la décadence que ce théâtre immonde où une honnête femme, que dis-je, où un honnête homme ne peut plus aller sans rougir? Où l'art dévoyé, perdu, bafoué, s'enfuit épouvanté devant les turpitudes qu'on expose chaque soir aux dépravations d'un public abâtardi?

Ah! gloires du grand siècle! Nobles et saints travaux de nos ancêtres! Intelligents et courtois délassements des grands esprits, vraiment grands et vraiment libres du dix-septième siècle, quelles sanies infectes vous ont remplacés?

A *Cinna* ou à *Britannicus* nous voyons succéder des drames stupides ; le *Misanthrope* et les *Femmes savantes* sont remplacés par des pantalonnades misérables d'où le mot propre et naïf de nos pères est exclu, mais qu'on assaisonne de dévergondées, se montrant presque nues à un public d'eunuques truffés!

La décadence! Mais elle est dans cette littérature putréfiée, impuissante, qui choisit ses héros à la cour d'assises ou à Saint-Lazare, et nous montre des assassins à grand caractère, des filles publiques sentimentales et délicates, et qui ne craint pas de nous donner, comme des parangons de vertu et d'honneur, des souteneurs patentés ou des ivrognes d'estaminet !

La décadence! Elle est dans la soif de l'or qui dévore aujourd'hui les hommes, même les moins corrompus, et couvre du nom spécieux d'opérations financières ou commerciales des vols honteux que la loi ne peut punir! Elle est dans cette société tout entière livrée aux plaisirs des sens, aux jouissances de la brute, et qui ne sent pas son âme immortelle, pour s'être matérialisée dans le culte du veau d'or ! Elle est dans ce peuple entier d'esprits forts, dont la vanité imbécile méprise la foi, source des grandes choses, renie les traditions de ses pères, flétrit la sainte vertu dont elle se sent indigne !

Je la vois partout ! Je la vois dans tout ! Elle nous envahit ! Elle nous déborde ! Elle nous livre à la révolution !

III.

La révolution est chez le paysan !

C'est là surtout qu'elle couve et qu'elle menace.

Les esprits intelligents ne s'y trompent pas ; ils ne confondent point ici la révolution politique qui est le fait d'un mouvement des villes et que la bourgeoisie a pu deux ou trois fois provoquer et faire réussir à son profit, avec la révolution sociale qui sera dans un temps plus ou moins éloigné — moins éloigné qu'on ne le croit — l'œuvre du paysan français !

La bourgeoisie a fait 1789 ; elle a fait 1830, elle a fait 1848.

De ces trois mouvements le premier lui a donné des droits, le second lui a donné le pouvoir, le troisième lui dira plus tard son secret !

Ce pouvoir, qu'elle n'a point su garder, lui a été arraché par cette révolution de 1848, la plus bête de toutes, puisqu'elle a été faite par la bourgeoisie contre elle-même. Jamais pouvoir n'a plus complétement voulu son suicide. En effet, pendant dix-huit ans, la bourgeoisie gouverne et profite. C'est à son profit que sont faites les lois ; c'est à elle qu'appartiennent les grandes positions, les emplois, les honneurs, les places, les sinécures, les priviléges, les monopoles.

Elle pénètre partout, elle envahit tout. Elle se constitue à Paris et en France dans des cantonnements abondants et plantureux. La classe moyenne, en un mot, s'enfle et profite sous un monarque et sous un système faits pour elle et desquels elle pouvait tout attendre.

Eh bien ! cette sotte et vaniteuse bourgeoisie, lasse de son bonheur, renverse elle-même en 1848 le gouvernement qui était sa véritable et plus complète expression !

Elle paiera cher cette faute.

Tout gouvernement qui veut durer doit nécessairement s'appuyer sur une partie essentielle du corps social.

La légitimité, c'est-à-dire l'ancienne monarchie, malgré les révolutions et les bouleversements dont la France avait été le théâtre de 1792 à 1815, comprit que sa force la plus vraie était encore dans les débris de l'ancienne noblesse, dans les traditions d'une monarchie de quinze siècles, dans les principes anciens auxquels elle ne mêlait qu'à regret les éléments nouveaux que la révolution et l'empire avaient mis en lumière.

La bourgeoisie, victorieuse en 1789 et à qui la Montagne et Napoléon avaient tour à tour arraché sa part du gâteau, ne pouvait voir qu'avec une douleur et une méfiance extrêmes cette troisième lignée de maîtres qui, malgré les habiles et spirituelles concessions de Louis XVIII, lui disputaient chaque jour un peu de ses priviléges et par qui elle pouvait craindre d'être un jour tout à fait dépouillée.

1830 la vengea de sa terreur en satisfaisant ses appétits. Ce fut vraiment son triomphe ! Triomphe qu'elle ne méritait pas puisqu'elle l'a si peu su garder.

Dix-huit années d'une prospérité sans pareille ont suffi à cette caste inintelligente pour briser l'œuvre des journées de Juillet.

Or, est-ce elle, est-ce la bourgeoisie qui a rétabli les Napoléon et relevé le trône du grand Empereur ? Nullement.

Ces souvenirs sont d'hier, et personne n'ignore la grandeur vraiment magique du mouvement rural qui a porté au trône l'héritier de Napoléon Ier.

L'Empire a trouvé sa vraie force dans le paysan, et la seule classe sociale qui ait eu sur le paysan, sur la force de la campagne une incontestable action, c'est le clergé.

Ce n'est donc pas le gouvernement, ce n'est pas l'Empire que la révolution menace aujourd'hui. Tout au contraire. Le gouvernement intelligent et qui n'oublie pas où est vraiment sa force, marchera constamment à sa tête, et remplissant à l'égard du paysan le rôle que Louis XVI n'a pas su jouer en faveur de la bourgeoisie, il cherchera et trouvera peut-être les moyens d'éviter les plus grandes rudesses du mouvement qui se prépare. Il le réglera, le dirigera et en déterminera les conséquences, car le mouvement ne sera point fait contre lui.

Il ne s'agira point, en effet, d'une révolution simplement appelée à changer le pouvoir, besogne qui a été trop facile et trop souvent accomplie sans trop de difficultés, pour que le régime actuel n'est pas prit contre elle de légitimes précautions.

La révolution, en thèse générale, et celle surtout qui menace l'Europe, est l'avénement d'une classe nouvelle de citoyens qui s'établit et se constitue aux dépens des privilégiés.

Si, en Italie, c'est la bourgeoisie démocratique dont les espérances ne s'arrêtent pas à Victor-Emmanuel ; si en Allemagne les esprits errent encore, livrés à des théories vagues et se rattachent, çà et là, à des principes de nationalités qui ne contiennent au fond que des aspirations démocratiques ; si en Russie le gouvernement a lui-même prêté la main à la formation de la classe intermédiaire qui sortira du sein de la plèbe et livrera le pouvoir à une bourgeoisie nouvelle ; en France, c'est le paysan qui aspire à recueillir l'héritage de la bourgeoisie.

De même que sous la domination de la noblesse la bourgeoisie avait su se constituer et conquérir l'indépendance que donne la fortune, de même pendant le règne de la bourgeoisie, le paysan a su, avant 1848, acquérir par l'économie et par un travail acharné des éléments de richesse qui, depuis cette époque, se sont développés et se développent chaque jour dans des proportions prodigieuses.

C'est dans les campagnes surtout que cet agrandissement de la classe des travailleurs est digne de toute notre attention.

Il suffit de jeter un coup d'œil sur les départements du centre, du nord et de l'ouest de la France, on y verra la bourgeoisie maîtresse du bien, des nobles. Mais peu à peu le paysan s'empare du bien des bourgeois et le sol se divise à l'infini. Dans quelques départements, dans la Nièvre, par exemple, il n'est pas une famille de paysans qui ne possède un morceau de terre.

Or, comme conséquence de cette fortune conquise par le travail et l'économie, le paysan, on peut en être certain, réclamera comme l'a fait le bourgeois en 1789, sa part de puissance sociale, et, politiquement, le pouvoir actuel, bien loin d'y apporter des obstacles, ne doit-il pas être le soutien, le directeur, le tuteur en quelque sorte de cette réforme déjà accomplie en principe par l'admission au vote de tous les citoyens français ?

Cette révolution s'accomplira, et bien fous seraient ceux qui voudraient s'y opposer. Comme en 89, le principe est posé, la conséquence est inévitable. La noblesse a été dépouillée, la bourgeoisie, elle aussi, sera dépouillée.

De toutes parts s'élèvent des réclamations contre l'insuffisance des traitements. C'est qu'en effet toutes les nécessités de la vie ont doublé et triplé de prix. Or, au profit de qui s'exerce cette augmentation ? Au profit des travailleurs dont le salaire a doublé et triplé ; et plus particulièrement cette augmentation se produit sur les denrées que le paysan retire du sol chaque jour et qu'il vend sans que le bénéfice énorme qu'il réalise ait en rien changé sa manière de vivre. De telle sorte que, gagnant beaucoup et dépensant peu, son pécule s'augmente, tandis qu'au contraire la bourgeoisie, comme l'ancienne noblesse, dépensant beaucoup, s'appauvrit et s'endette à la fois.

Oui, les grandes complications sont prochaines et, je le répète, ce ne seront pas des complications politiques. Liberté, égalité sont des mots avec lesquels on a pu, autrefois, soulever les passions, faire des émeutes, renverser le gouvernement ; mais les intérêts seuls, quand ils sont aux prises, amènent des révolutions sociales. Deux cent mille bourgeois ont renversé la noblesse ; huit millions de travailleurs renverseront la bourgeoisie !

VI

On sait quelle fut l'œuvre de la révolution. On sait quelle fut l'œuvre de l'empire. Tout cela aboutit aux traités de 1815.

Après les convulsions que le monde venait de subir, après tout le sang répandu, les nations opprimées ou détruites, les rois renversés de leurs trônes, après ce long déchaînement de toutes les passions, de toutes les fureurs, de toutes les folies dont une génération peut-être animée, les souverains, les grands de la terre, vainqueurs dans cette lutte de vingt années, voulurent rétablir en Europe l'ordre, la paix, l'autorité.

Éclairés par une rude expérience, s'inspirant du sentiment de leurs droits et des devoirs qu'ils avaient à remplir envers leurs peuples, ils essayèrent de fonder un état de choses à l'abri de ces catastrophes encore saignantes au cœur des nations.

Constituer chacune des grandes puissances de telle façon que l'œuvre d'un nouveau Napoléon ne fût plus possible, leur imposer à toutes des conditions d'existence limitées, équilibrer en un mot leurs moyens d'action assez également pour qu'on jugeât impossible une prépondérance quelconque, telle fut l'œuvre fondamentale des traités de 1815. Ils établirent, ou pour être plus exact, ils organisèrent des nations et des gouvernements indépendants les uns des autres, mais soumis néanmoins, par l'égalité même de leurs forces, à une loi générale qui avait pour conséquence le maintien des limites tracées dans le Congrès.

Ce fut une grande chose sans doute, une des grandes œuvres du dix-neuvième siècle.

VII

Mais l'œuvre du congrès de Vienne ne se borna point à constituer l'équilibre européen.

A côté de l'immense travail que nous venons d'indiquer, les puissances en accomplirent un autre non moins grave, non moins important ; travail complexe, fort politique selon les uns, immoral et pervers selon d'autres, et qui, quoiqu'il ait été, a produit les conséquences désastreuses que l'Europe a eues et aura encore à subir.

Nous voulons parler de la destruction de certaines nationalités, du démembrement de la Pologne et de la Hongrie.

Nous n'avons pas dessein d'apprécier ici les motifs dont se prévalurent les souverains dans cette œuvre de destruction. Que la Russie, que la Prusse aient jugé l'existence de la Pologne incompatible avec leur propre tranquillité, qu'elle saient invoqué l'histoire de cette nation remuante comme une raison péremptoire de son asservissement ; que, poussée par les mêmes inquiétudes l'Autriche n'ait pu supporter le voisinage de la Hongrie et ait préféré l'absorber, sauf à souffrir davantage de cette assimilation incomplète que de l'autonomie de la race hongroise, c'est là une question que nous n'avons pas à examiner. Les résolutions de cette nature comportent dans leur exécution tout un ordre d'idées, de motifs si divers, la responsabilité de ceux qui les prennent est telle qu'on ne sait, surtout à en examiner les suites, s'il vaut mieux les approuver que les plaindre, et si la sollicitude de ces souverains pour le repos et la grandeur de leurs États n'eût pas été plus intelligente en ne les revêtant pas de ces tuniques de Nessus.

Quoi qu'il en soit, ils l'ont fait et ils l'ont mal fait ; c'est là leur faute.

Constituer un duché de Posen avec une autonomie imparfaite mais vivante, laisser vivre un duché de Varsovie et lui promettre des lois nationales ; admettre une Galicie dans des conditions identiques ; au milieu de ces contradictions établir à Cracovie, déclarée ville neutre et indépendante, une sorte de république, centre actif de conspirations incessantes ; enfin considérer la Hongrie comme une sorte d'annexe aux provinces déjà si divisées de l'empire d'Autriche, toute cette combinaison si longuement débattue et mûrie, n'était-elle pas une solution puérile, indigne des intelligences qui l'avaient conçue? Agir ainsi n'était-ce pas méconnaître le sens véritable des événements contemporains, les leçons de l'histoire, le caractère constant et rigoureux de la révolution?

VIII

Napoléon Ier a dit à Sainte-Hélène : « Avant cinquante ans, l'Europe « sera républicaine ou cosaque. » Ce lumineux génie ne se trompait pas, et le sens, l'esprit de sa prédiction s'accomplit chaque jour.

Si les rois assemblés à Vienne avaient envisagé l'avenir avec la même sûreté de coup d'œil, s'ils avaient mieux connu les hommes, étudié davantage les grands événements qui s'accomplissaient devant eux et où ils jouaient eux-mêmes les premiers rôles, s'ils avaient enfin compris que désormais ce serait entre eux et la révolution une lutte mortelle, ou ils eussent reculé devant la démocratie et fondé une Europe libérale en abdiquant leurs pouvoirs absolus (1), ou bien, profitant de leurs avantages, ils n'eussent laissé aucune chance à la révolution en l'écrasant dans son germe. A plus forte raison, se fussent-ils gardés de contracter avec elle aucun engagement.

Ces deux alternatives offraient des périls et tout au moins d'immenses difficultés ; mais, adoptées avec résolution, pratiquées avec l'énergie et l'habileté qu'on est en droit d'attendre de ceux qui, chargés du sort des nations, disposent de la force et de l'intelligence, toutes deux eussent offert, ce nous semble, de plus sérieuses garanties de durée et de repos, que ne le pouvait faire l'état illogique et à la fois bon et mauvais qui avait résulté des délibérations de Vienne.

Démembrer la Pologne, en soumettre les tronçons à des pouvoirs absolus et faire luire, aux yeux de ce peuple ennemi, des espérances de nature à entretenir dans son cœur la pensée vivace de l'indépendance, c'était déposer dans les traités les germes des révolutions qui n'ont point manqué de se produire depuis quarante-cinq ans.

Telle a été l'œuvre du congrès de Vienne ; et si, avec les révolutions qu'il a permises, on n'a pas eu, pendant près de quarante ans, à déplorer des guerres d'où dépendait le sort des nations, c'est à la politique d'équilibre qu'on le doit.

____

(1) C'est ce que fait l'Autriche aujourd'hui ; la Russie le fera demain.

IX

Si on excepte l'Angleterre, qui pour beaucoup de motifs échappe à la loi révolutionnaire que subit le continent, — mais qui paiera bien cher plus tard les cruelles anomalies sur lesquelles est fondé son régime politique, — il est peu de puissances en Europe qui aient échappé aux secousses de la révolution.

Les deux mouvements de 1830 et de 1848, les révoltes de la Pologne, les conspirations incessantes de l'Italie témoignent de son énergie, de sa persistance. Tour à tour triomphant ou vaincu, comprimé ou éclatant, le génie révolutionnaire a eu des fortunes diverses. Ses victoires en France ont eu dans l'Allemagne un tel retentissement qu'on a pu croire un instant à la chute de l'empire d'Autriche. A ce moment du danger, le czar a frappé des coups terribles, et la maison de Hapsbourg a contracté alors une dette que, selon toute apparence, elle aura bientôt l'occasion de payer.

De ces chocs intérieurs, qui, peu à peu, entamaient les traités de 1815, est résulté la situation actuelle, dont l'importance est aujourd'hui concentrée en Italie d'une part, en Hongrie et en Pologne de l'autre.

D'un autre côté, la question du Holstein vient compliquer ces grandes affaires; elle peut être, dans tous les cas, un prétexte à des résolutions que pourrait nécessiter le Midi.

La question de Syrie reste aujourd'hui sur le second plan, côte à côte avec cette expédition de Chine, qui n'a eu d'autre avantage que d'aigrir un peu plus cette alliance anglaise à chaque instant perdue et toujours retrouvée, et qui ne tient jamais qu'à un fil.

Examinons donc tout d'abord la question italienne qui, de toutes les affaires entreprises par la révolution, depuis 1815, paraît être, — du moins jusqu'ici, — celle où elle a le plus réussi; recherchons-en les causes, le but, la portée; et peut-être de cet examen, fait avec bonne foi, pourrons-nous tirer quelques lumières; peut-être une revue de ce passé d'hier, dans laquelle nous voulons mettre de la franchise, nous dira-t-elle ce que doit être cet avenir de demain, si sombre et si proche, qu'on n'ose point y penser ou y croire, pour n'avoir pas à se désespérer aujourd'hui.

X

Il n'est pas un esprit sensé qui, désirant se rendre compte du mouvement italien, ne cherche tout d'abord à en connaître nettement les causes. Ces causes sont de natures diverses. Les unes, officielles, sont tout au long exposées dans les documents diplomatiques, les discours des souverains, les articles des journaux français et italiens, anglais ou allemands; d'autres, secrètes, que les imaginations devinent, que les mécontents exagèrent, mais qui n'en sont pas moins réellement existantes, et que les hommes de parti ne sont pas les seuls à constater.

Tâchons d'être juste, et expliquons, telles que nous les supposons d'après un examen attentif des faits, les causes qui ont présidé au mouvement italien.

A notre sens, elles consistent :

1° Dans l'ambition piémontaise personnifiée en M. de Cavour ;

2° Dans les violences du parti révolutionnaire ;

3° Dans la politique impériale.

En constituant dans la Péninsule des nationalités distinctes, des royaumes séparés, mais placés en partie sous l'influence de l'Autriche, la diplomatie européenne, en 1815, avait tenu compte des rivalités séculaires des villes italiennes. Elle avait compté avec les haines, l'envie, les luttes municipales, et elle avait accordé à ces grandes cités des droits et une prépondérance auxquelles, encore aujourd'hui, il nous paraît difficile qu'elles consentent à renoncer.

Turin, Florence, Modène, Rome, Naples, formaient autant de capitales. Milan et Venise seules, rentrées sous la domination directe de l'Autriche, virent abattre de leurs murailles les couronnes féodales d'autrefois.

D'un autre côté l'Autriche, l'alliée et la protectrice de ces divers souverains, occupait deux ou trois points des États de l'Église ; son influence, il faut le reconnaître, s'étendait plus ou moins déguisée, plus ou moins réelle sur l'Italie presque entière.

Cet état de choses, excellent à certains points de vue, avait toujours été pour le parti révolutionnaire l'objet d'un vif désespoir.

Outre qu'il rétrécissait pour la réduire à presque rien l'action de ces divers états, il enlevait aux ambitieux, aux avocats, aux lettrés, les moindres chances d'acquérir des situations, des influences, d'aborder les affaires, en un mot de profiter des bénéfices d'un gouvernement national.

De là les conspirations incessantes qui éclataient, tantôt à Milan, tantôt à Venise et forçaient l'Autriche à des rigueurs dont on se servait contre elle pour lui susciter de nouveaux ennemis ; qui d'autres fois bouleversaient le royaume de Naples, menaçant le roi Ferdinand, obligé, à son tour, de punir et qui enfin, en 1848, partirent de Rome et étreignirent l'Italie tout entière dans une si rude secousse qu'il ne fallut rien moins qu'un effort tout à fait énergique de deux grandes puissances pour rendre aux vieux monde une paix d'ailleurs précaire, un repos sans solidité.

L'unité italienne était l'idéal de ceux qui s'intitulaient exclusivement soit « les patriotes Italiens », soit « la jeune Italie ». Leur chef était Mazzini.

Mazzini, qui est bien certainement l'une des physionomies originales de ce siècle, n'a jamais voulu autre chose que cette unité fantastique, et pour le dire en passant, il doit singulièrement mépriser cette vieille Europe qui, pendant plus de trente années, l'a traité de brigand, l'a mis au ban des nations, l'a persécuté, banni pour avoir désiré, voulu, cherché précisément cette unité qu'elle laisse faire aujourd'hui.

Il a conspiré pendant trente années contre la domination autrichienne, et sans doute il n'en serait jamais arrivé à ses fins, comme le démontre sa victoire à Rome en 1849. Heureusement pour son idée, sinon pour lui-même, il s'est trouvé en Italie un homme aussi intelligent, aussi ambitieux, plus pratique. Cet homme, qui était ministre du souverain d'un petit royaume de cinq à six millions d'habitants, voulut jouer un rôle en Europe. La gloire de certains hommes politiques l'empêchait de dormir; il se sentait né pour les grandes affaires.

Cet homme, c'était M. le comte de Cavour.

Lui aussi rêva l'unité de l'Italie, et naturellement il la rêva au profit de son ambition. Instruit par l'exemple de Mazzini, il comprit que, pour arriver au but, il fallait prendre une autre route. Longtemps il étudia la question sous toutes ses faces. Longtemps il médita sur les moyens à employer. Homme positif et pratique avant tout, il rejeta bien loin les théories emphatiques de celui qu'on pourrait appeler son rival, et autant celui-ci, perdu dans les nuages de l'idéologie, dans un mysticisme patriotique, se séparait des données politiques ordinaires, autant M. de Cavour les adoptait comme les seules propres à la réussite de ses plans.

XIII

Le ministre de Victor-Emmanuel avait admirablement appliqué, depuis son entrée aux affaires, les principes politiques dont il faisait profession.

Cet ambitieux de second ordre, souple, délié, amoureux avant tout de la réussite, et peu scrupuleux dans ses moyens, commença par faire de l'agitation, n'ignorant pas que tout mouvement italien se ferait toujours et partout contre l'Autriche.

Peu soucieux de se rencontrer avec la révolution, qui reconnaissait en lui un de ses plus audacieux enfants, M. de Cavour comprit que prêter la main à Mazzini et à ses manœuvres, agiter l'Italie, semer le désordre et prêter aux conspirateurs l'appui d'un gouvernement régulier, bien que cet appui fût déguisé et nié, c'était forcer le gouvernement de Vienne à une sévérité d'autant plus naturelle qu'il venait de traverser les plus cruelles épreuves que jamais la révolution lui eût infligées.

Il était facile de prévoir la conséquence d'une semblable politique.

Les populations frappées par l'Autriche se plaindraient, et le Piémont, accueillant les plaintes, les grossissant, les commentant, se chargerait d'exciter partout en Europe des pitiés vraies ou fausses pour les victimes, des malédictions pour les bourreaux.

Tel fut, quant à l'intérieur, le plan d'ensemble de ce révolutionnaire

déguisé qui, pour le mettre à exécution, commença par supplanter M. d'A-
zeglio dans son ministère et par s'emparer de la présidence du conseil.

M. de Cavour se hâta de pratiquer son système de dénonciations aux
cabinets européens, des vices, des abus, des rigueurs de l'administration
autrichienne dans ses propres domaines.

Il n'avait aucun droit d'intervention, sans doute, dans les affaires d'États
appartenant à l'Autriche ; mais n'était-ce point là, précisément, le comble
de l'astuce de cet Italien, que de gémir et de réclamer près des cours de
l'Europe, à propos d'un état de choses qu'il entretenait après l'avoir fait
naître ?

M. de Buol, ministre des affaires étrangères de Vienne, protestait avec
force contre cette intervention insolite autant qu'insolente. Il disait avec
raison : « Ce n'est pas l'occupation autrichienne ou française (à Rome)
« qui cause le mécontentement de la Péninsule ; c'est l'agitation du parti
« révolutionnaire qui rend l'occupation nécessaire. »

C'était là une vérité éclatante ; mais c'est toujours un rôle ingrat que
d'être réduit à se justifier.

La situation de l'Autriche en Italie était d'ailleurs combinée de telle
sorte qu'elle prêtait à des objections qu'à un moment donné la France pouvait être poussée à faire valoir. De plus, sa politique séculaire, consacrée
surtout par les traités de Vienne et par conséquent exercée avec l'assenti-
ment des puissances, avait le tort de ne pas admettre tout un ordre de considérations nouvelles dont, avec plus d'habileté, elle aurait dû tenir compte.
Surtout elle ne comprit pas que la France impériale n'était pas la France
de Juillet, et que le souverain qui avait fait la guerre d'Orient pour contenir l'influence de la Russie, ne devrait pas envisager au même point de
vue que le faisaient les ministres de la monarchie de 1830, l'attitude chaque
jour plus envahissante de la maison d'Autriche.

C'était là une situation que la France surveillait avec une attention profonde, et que M. de Cavour comprit assez bien pour en vouloir faire le point
de départ principal de son action à l'étranger.

Cette situation, d'ailleurs, avait été déjà, depuis longtemps, l'objet des
réclamations de certains gouvernements. Lord Castlereagh, en 1821, et sir
H. Seymour, dix ans après, avaient fourni à M. de Cavour l'argument sous
lequel celui-ci croyait écraser la politique autrichienne ; mais cet argument
ne pouvait avoir d'effet que sur des esprits disposés à méconnaître les traités de 1815.

Cet argument consistait à établir l'impossibilité de la permanence d'une
situation de laquelle il résultait qu'autant que les princes italiens qui se re-
fuseraient à accorder des réformes pourraient compter sur l'intervention
étrangère, ces réformes ne seraient pas obtenues.

Sans vouloir discuter la valeur de ce raisonnement en lui-même, nous
nous bornerons à dire qu'il pouvait paraître naturel dans la bouche de
M. de Cavour, révolutionnaire et allié secret de Mazzini ; mais il était ab-

solument illogique de la part d'un gouvernement tel que le gouvernement anglais, qui faisait, surtout en 1821, profession de respecter ces mêmes traités formant la base du droit public européen, et qui n'interdisait pas à l'Autriche une intervention que la diplomatie avait prévue et lui avait tacitement concédée.

Quoi qu'il en fût, M. de Cavour, parlant au nom de l'Italie, qui ne l'en avait pas chargé, trouva surtout dans lord Palmerston un point d'appui à ses ambitions.

XIV

Cependant le concours moral de l'Angleterre, si important qu'il pût être, ne suffisait pas aux entreprises méditées par le Piémont. M. de Cavour, en constatait fort bien l'impuissance lorsqu'il prévoyait, en la préparant, la lutte avec l'Autriche.

Il dut en conséquence tourner ses regards vers celle des puissances européennes que des intérêts politiques de premier ordre portaient naturellement à intervenir avec le plus d'autorité et de droit dans les affaires de a Péninsule. Il s'adressa au gouvernement de l'empereur Napoléon.

La politique impériale, dans la question italienne, et en général en ce qui touche aux grands intérêts européens, a été trop souvent examinée, débattue, applaudie ou critiquée en France, pour que nous ayons à la rappeler dans ses détails et à la présenter de nouveau au lecteur. Nous nous bornerons, à cet égard, à l'examen de quelques points sur lesquels il est bon que l'opinion publique soit éclairée.

Les adversaires du gouvernement impérial lui ont reproché la guerre d'Italie, tandis qu'ils n'ont eu qu'une voix pour applaudir à celle de Crimée. Ils ont justifié cette contradiction apparente par cette raison que la guerre avec la Russie, juste et politique dans son principe, n'entraînait après elle que les suites ordinaires d'une guerre d'État à État ; une campagne en Italie, au contraire, avait un caractère révolutionnaire dont les conséquences devaient nécessairement entraîner l'Europe dans les complications les plus dangereuses.

Mais ces grands politiques oubliaient non point seulement la vie passée, les opinions, les idées de Napoléon III, ils méconnaissaient aussi l'origine, l'essence même de son pouvoir, les bases sur lesquelles il est fondé. D'un autre côté, ils ne tenaient aucun compte des nécessités auxquelles tous les gouvernements sont soumis et du rôle que l'Empire est appelé à remplir en Europe, par cela seul qu'il existe et qu'il est ce qu'il est.

On a dit, ou du moins on a donné à entendre qu'en faisant la guerre d'Italie, l'Empereur avait cédé à l'influence que le comte de Cavour avait pu exercer un instant sur son esprit lors de la fameuse entrevue de Plombières. D'autres, sans nier l'influence du ministre, ont indiqué comme une des

causes principales, sinon la principale, de la guerre d'Italie, le complot
d'Orsini. Cette appréciation s'est même produite au Corps législatif, où, du
reste, elle a trouvé un contradicteur tout au moins inattendu.

Enfin on a donné pour cause à la guerre d'Italie nous ne savons quel
vain désir d'une gloire militaire qui est plus souvent le partage des géné-
raux que celui des souverains.

Quant aux motifs sérieux, réels de la guerre, on a affecté de les placer
au second rang et comme un surplus à peine bon à la justifier devant la
masse ignorante de la nation.

Pour qui a observé les faits avec attention et impartialité, ce n'est point
là la vérité, mais c'en pourrait être une partie.

Que le comte de Cavour ait cherché à faire prévaloir, dans l'esprit de
l'Empereur, les idées dont il était lui-même animé, qu'il ait présenté à
Napoléon III la régénération de l'Italie, son indépendance et le terme de la
domination autrichienne comme des objets dignes de la grandeur de l'Empire et de la reconnaissance des générations futures, c'est ce qui peut paraître hors de doute. D'un autre côté, il est possible d'admettre que l'Empereur ait reconnu, dans les idées du ministre sarde, quelques aperçus
rationnels et pratiques et dont la réalisation pouvait profiter en même temps
à la politique française et à la situation de l'Italie, sans que d'ailleurs
l'Europe ait à s'en inquiéter hors de mesure; mais prétendre que les cons-
dérations seules exposées par le ministre sarde aient déterminé les résolutions du souverain, cela est évidemment aussi puéril qu'inexact.

En ce qui touche l'affaire de la rue Le Peletier, nous sommes d'avis qu'elle
a dû agir, en effet, sur l'esprit de l'Empereur, mais non comme on l'a voulu
donner à entendre, et nous croyons que cette influence peut s'expliquer
tout autrement.

Sans vouloir rechercher dans l'histoire quelles purent être, selon les
temps et les passions du moment, les conséquences des crimes tentés contre
les personnes royales, supposons les pensées qui durent naître, naturellement, dans l'esprit du monarque à la suite de cet horrible attentat.

D'abord écartons ce qui peut avoir rapport à la bravoure personnelle.
Dix fois Napoléon III a risqué sa liberté et sa vie sans que ses résolutions
aient faibli, et ses adversaires eux-mêmes ne lui contestent pas une rare
fermeté de caractère.

Mais si une crainte de cette nature ne pouvait agir sur une âme aussi for-
tement trempée, des considérations de l'ordre le plus élevé se sont évidemment offertes à son esprit à la suite du crime d'Orsini. L'Empereur,
comme d'ailleurs le dernier de ses sujets, a dû envisager les conséquences
possibles de sa mort violente au 14 janvier. Il a pu voir le trouble, les
doutes, les incertitudes qui se fussent emparés, non point seulement de la
nation tout entière, mais encore de ses meilleurs et plus fidèles serviteurs.
Il a pu prévoir les batailles que les partis eussent peut-être livrées aussitôt
que sa main puissante eût été remplacée par le bras débile d'un enfant et

par la régence d'une femme. Il a pu présager la défaite, l'exil et les malheurs formidables que la chute de sa dynastie eût infailliblement amenés sur la France.

Alors il a compris que sa vie était précieuse, indispensable, non point seulement à une femme et à un enfant, mais aussi à tout un peuple et à l'Europe, qui eut rudement ressenti, cette fois encore, le contre-coup de nos mouvements.

Qu'en toute autre circonstance, il eût absolument dédaigné ces horribles sommations, cela ne fait point de doute. Dans l'état des choses, Napoléon III était depuis longtemps porté vers un ordre d'idées auquel le meurtrier cherchait à se rattacher, ne fût-ce que pour tenter d'atténuer son crime sous un vernis de patriotisme, et si Orsini ne fut pas une des causes de la guerre d'Italie, du moins sa tentative, ce nous semble, ne fut pas de nature à l'empêcher.

Le crime d'Orsini a eu, à notre avis, pour effet, d'appeler plus vivement l'attention de l'Empereur sur la situation de l'Italie, et de l'engager à rechercher avec plus de persévérance et de vivacité une solution possible à un pareil état de choses ; il n'aurait, sans contredit, jamais produit assez d'impression sur ce ferme esprit pour lui faire concevoir et accomplir des plans aussi gigantesques s'ils n'eussent existé déjà et s'ils ne se fussent trouvés servir à merveille la politique impériale en Europe.

Ainsi l'Autriche à affaiblir, le Piémont à relever de ses défaites et à reconstituer pour nous créer un allié utile sur l'autre versant des Alpes, une influence prépondérante à conquérir dans le monde, sans compter la gloire de nos armes et la conquête d'une excellente position, tels étaient les mobiles considérables desquels l'Empereur doit, à notre avis, s'être inspiré.

XV

Ces motifs sont évidemment nobles et généreux, et au point de vue des intentions, du sentiment vraiment national qui les a inspirés, il est évident pour tout homme de bonne foi qu'on ne peut que les approuver.

Malheureusement les faits n'ont pas répondu aux généreux efforts de la France et sont venus contrarier des plans et des prévisions d'une politique dont on ne peut cependant méconnaître ni l'habileté ni la grandeur.

Après la bataille de Solférino, l'Empereur a demandé et conclu la paix. Il était vainqueur, il pouvait la faire avec gloire. Mais pourquoi s'arrêter, s'il était le maître de remplir ce programme qu'on a tant invoqué ? « L'Italie libre des Alpes à l'Adriatique. » L'Empereur l'a dit lui-même à Saint-Cloud : Il a reculé devant deux dangers : une guerre européenne ; la révolution.

Or, on remarquera que si son étoile, son génie, cette fortune de la France qu'il dirige, lui ont permis de s'arrêter à l'heure où le danger lui es-

'apparu au milieu de ses triomphes, il n'a pu cependant empêcher la révolution de continuer son œuvre en Italie.

Le programme de Villafranca, signé par trois souverains, a été regardé par M. de Cavour comme une lettre morte dont il lui était permis de ne tenir aucun compte.

Il était évident pour le ministre sarde que le jour où la France, une fois rentrée chez elle, croirait avoir à se plaindre de l'inobservation du traité de Zurich, le plus qu'elle pourrait se permettre ce serait des observations ou même le retrait de son ambassadeur.

Ce que le comte de Cavour croyait avoir à redouter de plus grave, c'était de mécontenter le bienfaiteur, l'allié du Piémont; le gouvernement de l'Empereur, engagé dans une politique à laquelle il avait tant sacrifié, ne pourrait revenir sur ses pas sans de graves inconvénients et serait réduit tout au plus à une attitude réservée, mais passive.

N'est-ce pas ce qui est arrivé? Or c'est ici précisément que la politique impériale a été froissée dans ses résultats.

Pour les politiques absolus, la guerre d'Italie, une fois entamée, devait être poussée jusqu'au bout quelles qu'en pussent être les conséquences.

Mais la masse de la nation, on ne le contestera pas, a vu la paix de Villafranca avec un vif plaisir et l'a accueillie comme un grand bonheur politique pour la Péninsule. En effet, la campagne d'Italie, en dehors même de ses résultats matériels, par cela seul qu'elle avait été entreprise et conduite avec bonheur et succès, avait porté à l'ambition de l'Autriche un coup assez rude pour que cette puissance battît en retraite, et que pendant un demi-siècle peut-être, elle renonçât à exercer l'influence que lui avaient donnée les traités de Vienne. Il est clair, et l'empressement qu'a mis le jeune empereur à accepter la paix en est une preuve, que le cabinet de Vienne, qui avait pu douter de notre résolution et de nos forces, devait pendant longtemps se tenir pour averti.

Or, que n'eût-on pu entreprendre en Italie et obtenir du gouvernement si l'Empire avait cru pouvoir remplir le rôle qui lui appartenait après la guerre et y organiser la confédération qui était dans les idées et les projets de l'Empereur.

C'était évidemment là une bonne situation politique, acquise avec bonheur au milieu de difficultés immenses. Il fallait y persévérer et ne pas permettre que le Piémont s'en écartât.

Eh bien! cette politique, qui pouvait passer pour conservatrice, et qui, fermement maintenue, aurait peut-être amené une ère de progrès successifs et de paix; ces idées, caressées par l'un des premiers souverains du monde entier, par un homme fort entre les forts, que l'Europe admire et redoute, cet ensemble de vues étudiées par les hommes d'État d'un grand pays, acceptées dès le premier moment pas l'empereur d'Autriche, rédigées et converties en traité solennel à Zurich par les chargés de pouvoirs de deux grands souverains, cet édifice résultant d'une des grandes guerres

Ca siècle, et qui semblait offrir des proportions assez bien ordonnées, assez harmonieuses pour qu'on pût espérer d'en voir la durée, tout cela a disparu comme un frêle château de cartes au souffle d'un enfant.

La révolution a laissé construire l'œuvre, elle a laissé les rois, leurs ministres, la diplomatie tout entière tracer, non sans peine, les plans de l'édifice, poser les assises, construire les murs et couronner le monument de la confédération, disons plus, de l'indépendance italienne. Puis, lorsque, au grand contentement de l'Europe, l'œuvre a été achevée, lorsque le pacte a été scellé, lorsque les rois et les peuples ont cru avoir atteint le terme des efforts, des douleurs et des sacrifices ; alors, dis-je, armée de sa seule furie, elle s'est élancée d'un bond de tigre, elle a souillé de sa griffe sanglante le traité de paix que les hommes avaient conclu, et en jetant au vent les parcelles, elle a repris sa tâche un moment interrompue ! Alors, on a vu les souverains du nord, troublés sur leurs trônes, assister en silence à la chute d'un roi, leur frère et leur égal ! On les a vus, soucieux et mornes, autoriser par leur attitude l'ébranlement du catholicisme, la seule barrière aujourd'hui que les rois puissent encore opposer à la révolution. La France seule a secouru le roi de Naples et soutient encore le Saint Siége !

XVI

Il fut un temps, peu éloigné encore, où l'on aurait cru impossible que le pouvoir temporel du Saint-Père pût être discuté, nié, avili comme il l'est aujourd'hui.

Nous savons qu'avant même la révolution de Juillet, des hommes illustres avaient apprécié l'administration des États de l'Église, et frappé avec vigueur sur les abus dont, il y a vingt-cinq ou trente ans surtout, elle fourmillait.

Châteaubriand, entre autres, cet éternel mécontent, destiné à tuer surtout les causes qu'il prétendait servir, Châteaubriand s'est plaint du gouvernement romain et a formulé à son sujet des plaintes aigres, comme il avait fait contre la légitimité.

Mais ces documents que, dans ses moments de misanthropie, l'orgueilleux Breton adressait à son gouvernement, ces espèces de libelles destinés tout au plus à servir de pièces à consulter dans un procès possible entre gouvernements, et qu'on ne saurait admettre qu'après avoir tenu compte des pièces opposées, ces rapports empreints de l'amertume particulière à l'ambassadeur français à Rome, et que ses *Mémoires* seuls ont révélé à une certaine partie du public, qui donc alors eût osé, eût pu, sans une horrible injustice, en publier des extraits dans les feuilles publiques, et s'en faire une arme pour ameuter les passions stupides de la *vile multitude* et accabler le Saint-Siége sous une honteuse et déloyale intrigue ?

Quoi qu'il en soit, aujourd'hui, dans la guerre que l'on fait au pouvoir temporel du Pape, on invoque l'auteur du *Génie du Christianisme* comme un allié! On invoque aussi le R. P. Lacordaire! et cependant il y a encore des haines qui ne comprendront pas et continueront à fournir des armes à ceux qui, sous le pouvoir temporel, cherchant la ruine du catholicisme!

En somme, que veut-on? Que demande la révolution? Quelles prétentions fait-elle valoir? et sur quels droits les fonde-t-elle?

La révolution veut Rome pour capitale, sauf à faire une *bonne position* au Saint-Père en Sardaigne ou à Jérusalem.

Elle se fonde sur les vœux des populations qui, non-seulement demandent l'unité de l'Italie, mais encore veulent Rome pour capitale.

Nous ne ferons qu'une objection bien simple : les populations romaines n'ont pas manifesté le désir de s'annexer à l'Italie.

Et, en Italie, aucun peuple n'a demandé Rome pour capitale.

Les députés ont, il est vrai, voté le titre de roi d'Italie pour le roi Victor-Emmanuel; mais on conviendra qu'il y a quelque chose d'assez particulier dans le fait de ce parlement qui dispose de ce qui ne lui appartient pas et de ce roi qui accepte ce qu'il ne saurait prendre.

Le monde a bien vu des audaces, rien de pareil n'a jamais été offert à son étonnement,

Mais tout cela se justifie en France. Lisez les journaux, et vous y verrez tout ce que vous voudrez, de façon à ce que, catholique sincère ou non, vous puissiez dormir la conscience en repos.

Or, voici en gros et dans leur essence les arguments que font valoir, contre le pouvoir temporel du Saint-Père, ces illustres messieurs de la presse libérale!

Ces arguments sont de plusieurs sortes; ils s'attaquent à la fois au droit et au fait; tout est broyé par leur main puissante, les principes, la légitimité du pouvoir, les droits particuliers et le droit des gens, ils ne laissent rien d'entier.

Voyons donc.

D'abord on prétend que le Pape ne possède ses États, ou si l'on veut ses domaines, qu'à titre de don; que Charlemagne lui a constitué un patrimoine; que sans les libéralités du grand empereur, et celles de plusieurs rois ses successeurs, le Saint-Père aurait végété dans quelque obscur palais, jouet impuissant ou méprisé de tel ou tel monarque prépondérant, vassal humilié de tel conquérant ou de tel despote.

Que ce soit le rôle qu'on lui destine, nous n'y contredisons pas. Que ce soit celui qu'il eût dû jouer depuis quinze siècles, il faut être bien malheureux pour l'oser prétendre.

Ne parlons point ici des services rendus à l'Europe par la Papauté. Oublions avec nos petits politiques que c'est elle qui a sauvé, constitué, créé le monde moderne et que ce n'était pas seulement le sentiment religieux qui lui soumettait à la fois les rois et les peuples; mais bien aussi le senti-

un lien intime où s'est trouvé tout le moyen âge de la supériorité intellec-
tuelle des Papes et de la grandeur suprême de la Papauté.

Répondons seulement à l'argumentation de nos grands hommes.

Comment admettre que, dans les idées du temps, les biens donnés au
Pape par Charlemagne n'appartinssent pas, au Saint-Père, au même titre
que les autres États appartenaient à leurs légitimes souverains?

Lorsque Pépin confirmait le pape Étienne dans la possession de l'Émilie,
de l'exarchat de Ravenne reconquis par lui sur Astolfe, roi des Lombards ;
lorsque Charlemagne rétablissait Léon III sur le trône pontifical et reconnaissait le royaume de l'Église en le complétant ; lorsque tous les rois de
l'Europe, depuis douze siècles, ont reconnu la légitimité de la souveraineté
des Papes, au même titre et par les mêmes actes qu'ils reconnaissaient la
leur propre, comment admettre que, selon le droit universel européen, le
Pape ne soit pas un souverain libre, indépendant, au même titre que les
autres rois ou empereurs ?

Sans remonter plus haut, arrêtons-nous tout simplement aux traités de
1815.

Ou ces traités sont bons, ou ils sont mauvais.

Ou ils engagent tous les participants, ou ils n'engagent personne.

Si leur action est de droit, si elle doit être respectée, elle doit l'être en
ce qui concerne la constitution des États de l'Église comme en ce qui se
rapporte à toutes les autres parties des traités.

Si l'on veut interroger à cet égard lord Palmerston, le prince Gortschakoff,
le baron de Schleinitz, M. de Schmerling et tous les autres ministres
des puissances de second et troisième ordre, qui étaient parties contrac-
tantes dans ces fameux traités, il n'en est pas un qui ne soit d'avis que les
traités sont valables au même titre que les engagements les plus sacrés
parmi les humains.

En effet, s'il en était autrement, à quels sacrifices l'Angleterre ne serait-
elle pas obligée ?

La Russie rendrait à la liberté le grand-duché de Varsovie, auquel la
Prusse et l'Autriche permettraient que vinssent se joindre le grand-duché
de Posen, la Galicie et le territoire de Cracovie !

En résumé, la méconnaissance des traités de Vienne apporterait dans
l'état actuel de l'Europe une telle perturbation que c'est à peine si un
seul État, si petit, si modeste qu'il pût être, fût-il la principauté de Lippe
ou de Hohenzollern, garderait sa constitution actuelle, et l'Europe devrait
être complétement remaniée.

Mais si, au contraire, l'Europe, malgré les infractions qui ont pu y être
faites aux traités de 1815 et continue de fonder sur ces bases le
droit public actuel, en vertu de quel droit l'article 103 de l'*acte* du 3 juin
1815 aurait-il moins de force que tout article du même traité ?

Or voici comment est conçu cet article 103.

« Art. 103. Les Marches, avec Camerino et leurs dépendances, ainsi

« que le duché de Bénévent et la principauté de Ponte-Corvo, sont rendus
« au Saint-Siége. »

« Le Saint-Siége rentrera en possession des Légations de Ravenne, de
« Bologne et de Ferrare, à l'exception de la partie du Ferrarais située sur
« la rive gauche du Pô. »

« S. M. I et R. apostolique et ses successeurs auront droit de garnison
« dans les places de Ferrare et de Commachio. »

« Les habitants des pays rentrant sous la domination du Saint-Siége,
« par suite des stipulations du Congrès, jouiront des effets de l'article 16
« du traité de Paris du 30 mai 1814. Toutes les acquisitions faites par les
« particuliers en vertu d'un titre reconnu légal par les lois actuellement
« existantes, sont maintenues, et les dispositions propres à garantir la
« dette publique et le paiement des pensions, seront fixées par une con-
« vention particulière entre la cour de Rome et celle de Vienne. »

A moins que d'avoir affaire à des contradicteurs de la plus absurde mau-
vaise foi (hélas ! il y en a !) il est donc impossible de contester l'existence,
la raison d'être, les droits du Saint-Père comme souverain temporel.

Mais ici nous trouvons un autre genre d'adversaires.

Nous accordons, disent-ils, que le Saint-Père est un souverain temporel
légitimé au même titre que les autres souverains, mais alors vous convien-
drez avec nous que par cette même raison il peut perdre tout ou partie de
ses États, comme le roi de Hollande en 1830 et le roi de Naples en 1861.

D'accord, en droit rigoureux le Piémont a attaqué les États de l'Église
qui n'ont pas d'armée, et de cette agression il résulte pour le Saint Siége
la perte de quelques-unes de ses provinces ou même de tous ses États,
c'est fort bien ; nous n'y pouvons que faire ; le Saint-Siége succombera et
nous n'aurons rien à dire ; seulement il reste à savoir s'il est de l'intérêt
des puissances catholiques de laisser se perdre le pouvoir temporel du
Saint-Père ! Or c'est ici que se découvre surtout le génie de la révolution !

Par quelles ruses, à travers quels sophismes, par quelle aberration de
l'esprit, les politiques européens en sont-ils arrivés à douter dans une pareille question ? Ignorent-ils donc que tout se tient dans ce monde, l'autorité et le catholicisme, le protestantisme et la révolution !

Mais ce n'est pas seulement de cela qu'il s'agit, et c'est ici qu'en vérité
nous hésitons à rire ou à nous indigner.

Non-seulement le Piémont s'empare violemment des Marches et de
l'Ombrie, et aussi des Romagnes, sans déclaration de guerre, par surprise,
en écrasant par une trahison sans exemple la petite armée du Saint-Père ;
mais, ô comble de dérision ! ô dernière et sanglante insulte, le Piémont
veut, exige, que le Saint-Père consacre lui-même cette spoliation par une
adhésion, un consentement auquel se refuserait le dernier des petits princes
européens.

XVII

Il faut examiner ici la conduite du Piémont, ses arguments, son attitude ; la chose en vaut la peine.

Rien n'a été plus facile que l'affaire de Naples.

Pratiquer la corruption dans l'armée, acheter des ministres, soulever le peuple au moyen des sociétés secrètes, tout cela a pu se faire aisément dans un pays sans cesse travaillé par des conspirateurs en permanence, chez un peuple dont le caractère léger et inconsistant se livre avec une facilité merveilleuse aux impressions les plus fausses et les plus exagérées.

La chose eût peut-être encore été plus facile à Rome. Mais là, le Piémont a trouvé la France. Il a donc fallu ruser, tourner la difficulté.

Qu'a fait M. de Cavour ?

Il a voulu ameuter l'opinion publique en Europe contre le gouvernement du Saint-Père, et il faut reconnaître que, dans cette tâche, il a été admirablement secondé.

M. de Cavour et ses acolytes, italiens ou autres, ont commencé par établir une confusion de nature à indisposer contre le gouvernement romain, sinon ses amis et les gens instruits qui le connaissent, du moins cette foule moutonnière qui répète bravement toutes les bêtises que lui dictent chaque matin et chaque soir ses journaux.

Voici le thème que l'on a varié avec acharnement.

On a prétendu et l'on prétend encore que le gouvernement romain est le pire des gouvernements, que ses peuples gémissent sous un joug abominable, qu'ils demandent sans cesse des réformes sans cesse refusées, et qu'au nom de la morale, de la fraternité, de la dignité humaine, il est impossible au Piémont d'écouter, sans les accueillir, les plaintes des populations romaines. Le Piémont s'est donné la tâche de rendre libres et heureux tous les peuples d'Italie et les Romains, plus que tous autres, ont des titres inaliénables au bonheur et à la liberté.

Pour arriver à cette généreuse conclusion, le Piémont a supplié très-humblement le Saint-Père d'accorder des réformes ; mais l'obstination du gouvernement de l'Église est sans pareille, et la seule réponse qu'il ait jamais faite à ces amicales invitations est celle-ci : *non possumus !*

Et naturellement on tire cette conséquence que, puisque le Saint-Père, par le plus douloureux entêtement, persiste à accabler ses sujets, il incombe tout naturellement au Piémont de rendre ces infortunés Romains à la liberté.... et de prendre Rome pour sa capitale.

Hypocrites !

Vous savez fort bien que le gouvernement du Saint-Père n'est point du tout tel que vous le dépeignez ; vous savez aussi que ces réformes que vous feignez de désirer ne portent que sur des détails d'administration qui n'ont avec le bonheur du peuple romain qu'un rapport fort indirect.

Mais vous savez encore mieux, et tout le monde sait comme vous, que Pie XI lui-même les a voulues ces réformes, les a accordées, les a pratiquées avant que M. de Cavour eût inventé de s'indigner de la situation des sujets du Saint-Père. On sait ce qu'a produit à Rome l'inauguration du régime parlementaire et le sang de Rossi rougit encore les marches du Quirinal.

Vous savez encore que le Saint-Père ne se refuse pas à ces réformes, mais qu'aujourd'hui il ne les veut accorder qu'à la condition qu'on lui rendra l'intégralité du domaine qu'il a reçu de ses prédécesseurs et qu'il doit transmettre intact à ses successeurs !

Ce n'est donc pas à propos des réformes que le Saint-Père et son gouvernement répondent : *non possumus* ; c'est votre audace qu'il ne peut approuver ! C'est à sa déchéance qu'il ne peut ni ne veut consentir ! C'est son indépendance qu'il veut garder, et que la catholicité inquiète voit s'altérer chaque jour.

Vous exigez du Saint-Père des réformes afin de lui prendre Rome, ses États et assurer son indépendance.

Comment est-il possible qu'une pareille tactique ne frappe pas les esprits, même les plus prévenus ?

Et d'abord, à quel titre vous permettez-vous de vous ingérer dans un gouvernement indépendant ? Quel pacte, quel traité vous autorise à examiner la conduite d'un gouvernement existant à côté de vous, au même titre que vous et à blâmer ce gouvernement auprès des autres gouvernements de l'Europe ? De quoi vous mêlez-vous ?

Avez-vous, par hasard reçu du ciel la mission de corriger ici-bas les gouvernements despotiques, absolus ou autoritaires et d'imposer partout la forme constitutionnelle que vous-même pratiquez depuis si peu de temps ?

Mais alors que ne vous adressez-vous à la Russie, qui en est à peine arrivée à élever à la dignité d'hommes les serfs de son vaste territoire et qui maintient sous le joug la Pologne ?

Vous ne dites rien de la Pologne ? Cependant les Polonais sont vos frères, ô Piémont ! et le moment serait choisi pour protester en leur faveur !

Mais le czar a six cent mille soldats pour se maintenir comme il lui plaît, et voilà ce qui fait hésiter vos principes !

Pourquoi donc, aujourd'hui que la France semble ne plus désirer de risquer la paix de l'Europe, ne vous lancez-vous pas sur l'Autriche, qui garde la Vénétie, votre sœur ? Et pourquoi attendez-vous que les zouaves, ces mêmes zouaves que vous insultiez le lendemain de leur départ, aient montré dans le golfe de Gênes leurs longues baïonnettes et leurs têtes formidables ?

Pourquoi ne demandez-vous pas compte à l'arrogante Angleterre, votre

digne alliée, de son despotisme dans les îles Ioniennes, de ses cruautés en Irlande, de ses eff. oyables tueries dans les Indes?

Ah ! certes, ce seraient là de belles entreprises pour un don Quichotte de votre force. Mais vous trouvez plus pru lent, plus sain et plus profitable de voler ses États au Saint-Père !

Le Souverain des États de l'Église ne devait, ne pouvait avoir à craindre que Garibaldi, et personne ne doute de ce qu'eût pesé ce héros de parade en face du vieux soldat d'Afrique !

Mais vous aviez si complétement la certitude de la défaite de ce charlatan, qu'à Castelfidardo comme sur le Volturne, votre hypocrisie a dû le céder au soin de vos intérêts et vous avez découvert vos soldats !

Aujourd'hui les aveugles volontaires sont seuls dupes de votre pitié pour les peuples romains ! Vous voulez Rome comme vous voulez le reste de l'Italie, et trouvant là les soldats de la France, qui n'étaient pas ailleurs, vous n'avez pu agiter à votre aise, vous n'avez pu ni trahir ni corrompre. Le général de Goyon tient en arrêt sa ferme et loyale épée, et vous en êtes réduit, ainsi que le disait spirituellement un orateur du Corps législatif, à tendre, comme Bélisaire, votre casque vide vers les Tuileries, afin qu'on y laisse tomber une capitale.

Mais, à notre avis, on vous a assez donné, et nous trouvons, nous, que votre casque est assez plein !

Cependant le Piémont et les libéraux français, couleur *Siècle,* prétendent que s'ils demandent la séparation du temporel et du spirituel, s'ils veulent chasser le Pape de Rome, s'ils veulent le dépouiller de ses États, c'est uniquement dans l'intérêt de la religion, dans l'intérêt du Saint-Père, c'est afin d'assurer son indépendance !

La plume nous tombe des mains !

On veut assurer l'indépendance du Saint-Père ! Mais en quoi donc est-elle menacée ? Qui donc l'attaque ?

Si depuis quinze siècles les monarques, les ministres, les peuples se sont accordés pour voir dans la constitution de l'État Pontifical la garantie de l'indépendance du Souverain Pontife, si l'Europe entière, même l'Europe protestante, a compris ainsi la Papauté et a voulu qu'elle fût ainsi constituée, n'est-ce pas outrager à la fois le bon sens public, l'histoire, l'humanité que de venir prétendre que la véritab'e garantie de l'indépendance de l'Église consiste précisément à ce que l'Église soit dépouillée de ce moyen d'indépendance que le monde moderne a créé ?

Quel est ce grossier artifice, de venir prétendre que l'Église n'a, ne peut avoir, ne saurait avoir aucun intérêt parmi les intérêts humains ?

Comment est-il possible d'admettre que le curé dans sa paroisse, l'évêque dans son diocèse, le Pape dans la catholicité tout entière, se séparent à ce point des passions, des misères, des grandeurs de l'humanité qu'ils restent étrangers, insensibles à tous les mouvements qui agitent les peuples ! Quel rôle leur proposez-vous donc ? A quel rang les reléguez-vous ?

Quoi! ce que l'on propose d'anéantir, ce que l'on veut détruire, c'est cette même puissance, cette force morale immense qui a fait l'Europe ce qu'elle est! Qui l'a arrachée à la barbarie! Qui a créé les sociétés modernes! Qui a sauvé le monde des plus effroyables cataclysmes!

Ce dont vous voulez vous débarrasser, c'est ce frein salutaire qui, seul peut-être aujourd'hui, peut contenir les peuples et raffermir les trônes ébranlés!

Imprudents! trois fois imprudents! Savez vous à quel avenir le monde est destiné? Savez-vous quelles convulsions nous prépare encore la révolution? Savez-vous quelles luttes effroyables vous avez encore à soutenir?

Ah! craignez, craignez qu'au jour du danger l'appui de l'Église ne vous manque! Craignez qu'un jour cette force, cette force immense, — en apparence si faible, qu'il semble qu'un rien la puisse briser, — craignez qu'un jour vous ne soyez réduit à la regretter! Craignez de périr un jour en cherchant un appui que vous aurez brisé!

XVIII

Il ne faut pas s'y tromper!

Derrière M. de Cavour il y a la révolution; lui-même l'a dit dans un accès de franchise : « Si je ne marche pas, » a-t-il dit, « ils m'entraîneront.» Ledru-Rollin avait dit un jour : « Il faut bien que je leur obéisse, si je veux « leur commander! »

Cela est si vrai qu'aujourd'hui, cet homme d'État, se sentant dépassé, commence avec la révolution une lutte dont nous lui souhaitons vivement de sortir vainqueur!

En Italie la révolution attaque la Papauté, non point seulement le temporel comme quelques démocrates essaient de le persuader aux badauds qui les lisent, mais bien le catholicisme.

L'Autriche espère dans les réformes qu'elle a accordées! Les diètes semblent se conformer à la constitution et les discussions y préludent sans violence apparente. Mais sur quoi donc portent ces discussions? Quelle question est agitée à cette heure dans cette Hongrie si reconnaissante des concessions impériales? On agite tout simplement la question de savoir si l'on reconnaîtra François-Joseph comme roi de Hongrie, de fait ou de nom seulement.

Tel est le premier problème à résoudre qui s'est présenté à l'esprit des Hongrois.

Les Hongrois attendent Garibaldi!

Voilà leur véritable pensée, voilà leur politique, voilà leur dernier mot.

La Croatie, la Bohême, la Dalmatie, tout cela veille et attend. Tout cela est prêt.

Venise ne se soumet pas davantage! Là aussi, là toujours se fait sentir la main de la révolution ; elle repose à cette heure, mais c'est un repos lugubre et morne, troublé par les souffles impurs de la Révolution !

Si nous suivons ces rivages d'Orient où ruisselle le soleil et que, depuis Homère, tous les poëtes ont chanté, nous verrons partout l'effroi, partout le silence, partout les sinistres apprêts

La Turquie se meurt au milieu de convulsions qui retentiront au cœur même de l'Europe, et comme si les gouvernements n'avaient pas à veiller chez eux, ils vont avant peu se battre sur ce cadavre ! Les provinces se détachent d'elle, et de tous côtés, en Bosnie, en Bulgarie, dans l'Herzegovine, dans le Montenegro la guerre a déjà apparu.

Mais qu'est-ce que cette complication purement politique, qu'est-ce même que cette question de Syrie cependant bien redoutable, si on la compare aux menaces, aux fureurs, aux vengeances dont est gros le mouvement de Varsovie ?

Qui pourra dire depuis quel temps la révolution fait son œuvre ? Qui pourra sonder les cœurs des Polonais, deviner leurs secrètes pensées et connaître ainsi d'avance la grandeur des événements ?

La Russie aura beau faire ! Compatissante ou inflexible, agissant en vertu de ses droits ou faisant bon marché des traités, généreuse ou barbare, rien ne la sauvera du monstre !

Elle succombera, après avoir répandu des torrents de sang, parce qu'elle se trouvera seule contre l'immense coalition qui, partie de Caprera, de Naples et de Turin, enserre les rives de la Méditerranée jusqu'en Orient, où le Druse lui-même apporte la pierre à son œuvre ; qui soulève ces peuples toujours prêts, et les ruant sur l'Autriche affaiblie par la guerre et parce que l'Europe l'abandonne, dévorera la maison de Hapsbourg ! et le czar n'aura aucun secours à attendre de la Prusse qui, elle, sera atteinte dans le duché de Posen, comme la Russie à Varsovie, et l'Autriche partout.

Et tandis que l'Europe, encore une fois soulevée, se ruera sur elle-même et versera son sang le plus pur, tandis que, dans son sein même, les divisions renaîtront par la force des choses et comme une conséquence des événements intérieurs ; alors, dis-je, on verra l'Angleterre arrivée au point culminant de sa puissance, jeter sur toutes ces passions, sur ces fanatismes, sur ces ambitions, sur ces colères, sur ces folies de la mort ses plus perfides excitations et profiter seule de ces désastres immenses que les siècles précédents n'auront pas connus !

XIX

Qu'on n'attende pas de nous une conclusion.

Nous aurions pu émettre cette pensée d'un État du Piémont, au nord de l'Italie ; des États romains au centre ; du royaume de Naples au midi ;

c'est-à-dire une forte confédération débattue, conclue, arrêtée en congrès. et garantie par l'Europe entière; certes, cette combinaison en pouvait valoir une autre et elle a depuis. longtemps été caressée par des esprits honnêtes comme une solution.

En effet, le bon sens, le patriotisme bien entendu, la raison, tout inviterait à donner ce terme au mouvement actuel.

Quelle que fût la royauté installée à Naples, rien n'est facile à l'Europe, si elle le veut, comme de garantir aux populations ce régime libéral dont on prétend qu'elles sont éprises et d'assurer aux États de l'Église les modifications que d'ailleurs Pie IX est prêt à introduire dans son administration.

Qui donc pourrait s'opposer à ce projet et pourquoi l'Europe ne l'adopterait-elle pas?

Est-ce la France, dont le souverain a protesté contre les usurpations du Piémont?

Est-ce l'Autriche? Non, sans doute.

Serait-ce la Prusse? la Russie? Évidemment ces deux puissances verraient cette solution avec plaisir.

L'Angleterre, l'Angleterre elle-même, forcée par tout le monde et craignant l'isolement, pourrait peut-être accepter une semblable solution, sauf à se réserver *in petto* la faculté de troubler plus tard le monde au profit de ses intérêts.

Une puissance, une seule ne le veut pas.

Une seule puissance défend, une seule puissance empêche les accommodements, les attermoiements, les ententes.

Une seule veut aller au fond et au bout.

Une seule veut tout renverser pour tout remplacer.

Cette puissance a déposé le masque; elle parle, elle agit; elle travaille à visage découvert.

Elle s'appelle : LA RÉVOLUTION !

FIN.